AF459564

A SAINT GERMAIN

A SAINT GERMAIN

D'AUXERRE

Le nom du grand Saint Germain, l'illustre protecteur de la Ville d'Auxerre, est aujourd'hui plus que jamais dans toutes les bouches. Son église n'a pas cessé d'attirer les foules, et bien que la persécution ne semble pas désarmer, la fête du glorieux Saint se célèbre avec le même enthousiasme.

On pourrait dire que la piété des Auxerrois envers leur patron prend une vigueur nouvelle. — Dans les familles, c'est à qui parmi les parents donnera à son fils le nom de GERMAIN, à sa fille le nom de GERMAINE ; de pieux chrétiens recommandent au grand Saint de l'Eglise d'Auxerre leurs affaires, leurs personnes et leurs œuvres. Il semble que plus on a voulu faire périr sa mémoire, plus son souvenir demeure vivant, défiant ainsi les efforts de l'impiété qui, au mépris de toutes les lois de la justice et du bon sens, ainsi que de tous les droits de la reconnaissance populaire, avait cru pouvoir rejeter dans un oubli déshonorant la plus auguste des Illustrations de cette cité.

Depuis longtemps, on nous demande de tous côtés d'éditer en l'honneur de Saint Germain une petite brochure qui résumerait sa vie, et permettrait de célébrer avec dévotion sa fête (le 31 juillet).

Cette année, les sollicitations sont plus pressantes, et en attendant que le temps nous permette à nous, et mieux encore à d'autres plus autorisés, de faire l'histoire de Saint Germain en ces derniers temps, nous avons voulu déférer au désir qui nous a été exprimé, et publier ici :

1° Le résumé de la vie de Saint Germain.

2° L'étude comparative de l'office de Saint Germain, en latin et en français, tel qu'il est célébré aujourd'hui et tel qu'il était célébré autrefois dans le diocèse d'Auxerre.

3° Les litanies et prières à Saint Germain.

Puisse ce modeste hommage de vénération religieuse que je dépose avec respect devant le tombeau du glorieux Saint Germain, être agréable à Dieu, au Patron de la ville d'Auxerre, aux Auxerrois mes compatriotes, et nous mériter à tous les effets de sa puissante protection.

Oct. CHAMBON.

Fait au presbytère de Magny-lès-Avallon (Yonne) paroisse consacrée à Saint Germain.

Ce 14 Juillet 1890.

Vie de Saint Germain d'Auxerre

La vie de Saint Germain d'Auxerre se résume dans ses travaux apostoliques : 1° à l'égard des peuples qu'il édifie par l'exemple de ses vertus ; 2° à l'égard des Semi Pélagiens qu'il va visiter et retirer de l'erreur ; à l'égard des puissants de la terre auxquels il inspire la modération et la justice.

Mgr FREPPEL, *Sermons.*

Naissance et jeunesse de l'Illustre Saint Germain

Saint Germain naquit à Auxerre vers l'an 380 de parents nobles, qui l'instruisaient avec soin dans les lettres humaines. Son mérite lui donna entrée dans les charges et il obtint celle de duc, c'est-à-dire le commandement général des troupes de son pays. Germain remplit cette place avec l'intégrité et la sagesse que l'on pouvait attendre d'un honnête homme du monde. Content d'être homme de probité, il s'embarrassait peu d'être chrétien, et il mettait toute sa religion, comme le plus grand nombre, à éviter les vices grossiers, et à briller par des vertus humaines. Quand il avait pris quelques bêtes à la chasse, il se plaisait à en faire pendre la tête à un poirier, au milieu de la ville, afin d'avoir ainsi le renom de bon chasseur, et de passer pour fort adroit. Son amour propre se repaissait de cette fumée, et l'on ne pouvait lui faire apercevoir la petitesse et la vanité de cette action, sans le révolter.

Mais Dieu fit connaître à Saint Amatre évêque d'Auxerre, qu'il changerait le cœur de Germain, et qu'il ferait de lui un saint évêque et une des plus grandes lumières de l'Eglise. Amatre plein de joie de ce que la miséricorde du Seigneur allait s'exercer sur celui qui jusque-là avait paru très éloigné de la voie qui conduit au ciel, lui donna l'habit ecclésiastique, en lui disant : « Travaillez, mon cher et vénérable frère, « à conserver pur et sans tache l'honneur « que vous venez de recevoir. Dieu veut « que vous occupiez, en qualité de pasteur, « le siège épiscopal que je vais quitter. » Ce saint évêque mourut peu de jours après, le premier de mai de l'an de J. C. 418.

Son Episcopat

Aussitôt le clergé, la noblesse et le peuple d'Auxerre demandèrent tous, d'une voix, Germain pour leur évêque. Il résista de toute ses forces, et sollicita diverses personnes pour l'aider à faire échouer cette affaire. Mais ceux mêmes qu'il croyait avoir gagnés, l'abandonnèrent et se rangèrent avec les autres pour le faire évêque ; de sorte qu'il fut obligé de céder, et de se laisser imposer les mains par les évêques de sa province, le 6 juillet de l'an 418. On reconnut bientôt que sa résistance venait de la connaissance qu'il avait des obligations attachées à un ministère si redoutable ; et il montra dès le commencement que Dieu l'avait choisi pour faire de lui l'exemple des bons évêques et des moines austères.

Il se fit en effet dans Germain un changement universel, et foulant aux pieds les honneurs et les richesses du siècle, il renonça en même temps à tous les plaisirs de la vie. Il distribua tous ses biens aux pauvres, et ne chercha plus qu'à suivre

Jésus-Christ dans sa pauvreté et les humiliations de la croix.

Depuis son épiscopat jusqu'à sa mort, il ne mangea jamais de pain de froment, il ne buvait pas de vin ordinairement, n'usait ni d'huile ni de vinaigre, ni de sel. Les jours de jeûne, il ne mangeait que le soir, et souvent il était trois jours sans prendre de nourriture : en hiver comme en été, il avait toujours le même habit, d'une étoffe grossière, telle que la portaient les petites gens de la campagne pour travailler aux bois ou aux champs ; il ne le quittait que quand il tombait en pièces ou que la misère des autres l'engageait à le leur donner ! Il couchait sur un monceau de cendres retenues avec des planches tout à l'entour, n'ayant pour draps qu'un grand cilice, avec une méchante couverture, et sans chevet : ces cendres devinrent bientôt aussi dures que la pierre. Jamais il ne se déshabillait pour dormir ; rarement il quittait ses souliers et sa ceinture de cuir. On peut bien juger que son sommeil ne devait pas être long dans un pareil lit ; aussi passait-il les nuits presque entières à prier et à méditer. Il exerçait l'hospitalité envers tous ceux qui se présentaient, sans choix et sans exception ; il leur lavait les pieds; et prenait soin qu'ils ne manquassent de rien ; mais il ne mangeait pas avec eux, afin de ne point rompre son jeûne

Sa Mission en Angleterre

Un changement si général dans un homme du monde qui avait tant aimé la gloire et les plaisirs, servit à faire éclater la force de la grâce du Seigneur que les Pélagiens (1) attaquaient. Ces hérétiques avaient été condamnés l'an 418, mais ils ne se rendirent point au jugement de l'Eglise. Quelques-uns d'entre eux allant en Angleterre, d'où était Pélage, y répandirent leur pernicieuse doctrine. L'erreur fit de grands progrès dans ce royaume; de sorte que les catholiques députèrent aux évêques de France, des envoyés pour leur

(1) Les Pélagiens, du nom de Pélage, hérésiarque, né en Angleterre au IVe siècle. — Pélage et ses partisans niaient le péché originel, et enseignaient que l'homme peut opérer son salut par les seules forces naturelles du libre arbitre, et sans le secours de la grâce, que les enfants morts sans baptême ne sont pas damnés, et jouissent d'une félicité éternelle hors du royaume de Dieu ; qu'Adam n'est pas mort par suite du péché originel, mais par la seule condition de la nature.

représenter l'état où ils étaient, et leur demander du secours. Les évêques de France tinrent sur cela une grande assemblée, et d'un commun accord, on désigna Saint Germain et Saint Loup de Troyes pour aller en Angleterre, comme ayant tous deux la vertu et la grâce des apôtres.

Les deux saints prélats ne pensèrent plus qu'à partir pour la Grande Bretagne. Ils passèrent par le village de Nanterre, situé près de Paris. Saint Germain y vit Sainte Geneviève, lui donna sa bénédiction, et prédit le haut degré de sainteté auquel elle parviendrait. Geneviève, âgée d'environ quinze ans, marqua un grand désir de consacrer à Dieu sa virginité. L'évêque d'Auxerre la conduisit dans l'église ou il reçut son vœu après plusieurs prières solennelles, et il la confirma en lui imposant la main droite sur la tête.

Saint Germain et Saint Loup continuèrent leur route et s'embarquèrent pour la Grande Bretagne. On était alors en hiver. Les deux évêques furent assaillis d'une furieuse tempête. Saint Germain l'apaisa en invoquant le nom de la Sainte Trinité et en jetant dans la mer quelques gouttes d'huile, selon Constance, ou d'eau bénite, selon Bède. Lorsqu'ils arrivèrent dans la Grande Bretagne, ils virent venir au devant d'eux une troupe innombrable de peuple. Le bruit de leur sainteté, de leur doctrine et de leurs miracles se fut bientôt répandu dans tout le pays. Ils confirmaient les catholiques dans la foi et convertissaient ceux qui étaient engagés dans l'hérésie.

Les deux saints évêques ayant ainsi rempli leur mission, retournèrent en France, emportant avec eux les bénédictions et les regrets de toute la Grande Bretagne.

Sa Mission en Italie

Il n'y avait pas longtemps que Saint Germain était de retour à Auxerre, lorsqu'il fut obligé de passer en Italie pour aller trouver l'Empereur Valentinien à Ravenne. Au sortir de Milan, des pauvres l'abordèrent pour le prier de leur faire quelque aumône. Il demanda à son diacre qui l'accompagnait s'il lui restait quelque argent. « Trois écus, répondit le « diacre. Donnez-les à ces pauvres gens, « lui dit Germain. Et de quoi vivrons-« nous, reprit le diacre? Dieu aura soin

« lui même, répondit Germain, de nourrir « ceux qui se seront rendus pauvres pour « l'amour de lui ; aussi, donnez aux pau- « vres tout ce que vous avez. » Le diacre n'obéit qu'en partie, et réserva un écu. Peu de jours après un seigneur du pays nommé Lépore, qui était très malade, l'envoya prier instamment de le venir voir, ou du moins de l'assister de ses prières, s'il ne voulait pas se détourner de son chemin. L'homme de Dieu qui regardait toujours comme le meilleur chemin celui qui conduit à quelque bonne œuvre, alla trouver Lépore, demeura trois jours chez lui, et obtint sa guérison. Lépore, plein de reconnaissance, l'obligea de recevoir deux cents écus pour la dépense de son voyage. Germain les mit entre les mains de son diacre, et lui dit que s'il avait donné les trois écus qui lui restaient, comme il le lui avait commandé, ce seigneur, dont Dieu avait voulu se servir pour les récompenser de leur aumône, leur aurait donné trois cents écus au lieu de deux cents. Le diacre qui croyait s'être bien caché, vit par là que Dieu avait fait connaître au Saint la faute qu'il avait faite.

Sa mort

Après que Germain eut obtenu de l'Empereur la grâce qu'il demandait, Dieu voulut couronner ses travaux, en lui accordant une sainte mort. Un jour, après l'office du matin, comme il s'entretenait des matières de la religion avec les évêques qui l'accompagnaient, il leur dit : « Mes chers frères, je vous recommande mon passage, j'ai cru voir cette nuit J.-C. qui me donnait la provision pour un voyage, et il m'a dit que c'était pour aller dans ma patrie y recevoir le repos éternel. » Peu de jours après il tomba malade, toute la ville en fut alarmée. L'Impératrice l'alla voir, et il lui demanda en grâce de renvoyer son corps dans son pays, ce qu'elle lui accorda à regret. Le Saint évêque mourut le septième jour de sa maladie (31 juillet 450), après trente ans et vingt-cinq jours d'épiscopat.

LE RETOUR

Son Tombeau — Son Eglise — Son Culte

L'Impératrice Placidie qui aurait voulu garder comme le palladium de sa capitale, le corps du grand Evêque, n'épargna rien pour faire ramener à Auxerre cette précieuse dépouille, afin de se conformer à sa volonté formelle de reposer au milieu de son peuple. Le clergé et les populations se rendaient en foule au devant de son cercueil et l'accompagnaient jusqu'aux limites de leurs pays, les miracles se multipliaient sur son passage et partout où reposa son corps, des églises furent bâties sous son vocable, ou des croix érigées pour perpétuer son nom béni.

Ce fut bien autre chose quand le cortège arriva à Auxerre ; on se figure difficilement et la douleur et la joie des habitants de la cité. Le corps fut déposé tout d'abord à la cathédrale où il resta dix jours, puis il fut solennellement porté dans l'église Saint-Maurice pour y être enterré.

Sainte Clotilde, femme de Clovis, fit bâtir sur l'emplacement du modeste oratoire de Saint-Maurice une vaste église qui prit le nom de Saint-Germain, et depuis ce temps, ce même lieu est devenu de plus en plus cher à la piété des Auxerrois.

Les évêques, ses successeurs, après avoir reproduit ses vertus sur le même siège épiscopal, tenaient à honneur de dormir leur dernier sommeil à ses côtés.

Voilà pourquoi les auteurs du *Gallia Christiana* ne craignent point de proclamer « *qu'après le tombeau des S. S. apôtres à Rome, il n'y a pas dans le monde de lieu plus Saint que les cryptes de Saint-Germain d'Auxerre.* »

« A l'occasion du millième anniversaire de la Dédicace de la Basilique de Saint-Germain (20 mai 1865 un journal de Paris avait dit que les cryptes, où sont renfermés les tombeaux d'un grand nombre de nos saints évêques, avaient été violées, pendant les guerres de religion, lors de l'invasion des protestants.

Cette assertion toute gratuite se réfute par le soin et la précaution des religieux de cette abbaye à préserver cet asile sacré, si cher encore aujourd'hui, à la piété des Auxerrois. Ils firent remplir les cryptes de décombres jusqu'aux voûtes et rendirent ainsi leur accès impénétrable aux Huguenots. Nous tenons ce fait de dom Laporte, bénédictin de l'abbaye de Saint-Germain; il l'avait recueilli de la bouche des pères les plus anciens auxquels il avait été transmis par leurs devanciers (1).

Les révolutions se sont succédées sur

(1) M. Fortin, *Souvenirs*, IIe vol., p. 193.

notre terre de France, plus mobile qu'un volcan; les cendres de notre grand évêque ont été jetées au vent, cependant son sépulcre est resté glorieux, et les foules se pressent encore nombreuses sous les voûtes de son église souterraine.

Sans doute ce n'est plus la pompe des solennités d'autrefois ; la main laïcisatrice s'est posée là comme la main d'un geôlier, nos saints évêques sont prisonniers et nous, pour les visiter et pour les prier, nous voilà comme les Juifs en captivité, nous devons nous munir d'abord d'autorisations, et contempler à prix d'argent des trésors qui sont les nôtres : *aquam nostram pecuniâ bibimus ; ligna nostra pretio comparavimus* (1).

Ajoutons cependant pour être vrais que durant la neuvaine de Saint Germain, nos seigneurs et maîtres veulent bien laisser le chemin libre et décadenasser les portes. Cela dépend, il est vrai, de leur bon plaisir ; aussi nous souhaitons qu'ils veuillent bien nous conserver longtemps encore cette ombre de liberté, habitués que nous sommes à nous contenter de peu.

(1) Nous avons acheté une eau qui nous appartenait, et payé des matériaux qui étaient à nous.

FÊTE DE S^T GERMAIN

LE 31 JUILLET (1)

AUX I^res VÊPRES

Psaumes du Dimanche, et à la place du dernier, LAUDATE DOMINUM OMNES GENTES.

Ant. 1. Hæc dicit Excelsus : abiit vagus in viâ cordis sui ; vias ejus vidi, et sanavi eum, et reduxi eum, et reddidi consolationes lugentibus ejus.

Ant. 1. Voici ce que dit le Très-Haut : Il s'est égaré, en suivant les déréglements de son cœur : j'ai considéré ses voies, et je l'ai guéri : je l'ai ramené et j'ai consolé tous ceux qui le pleuraient.

Ant. 2. Venit vir Dei et ait : Hæc dicit Dominus : Elegi eum mihi in sacerdotem, ut ascenderet ad altare meum.

Ant. 2. Il vint un homme de Dieu qui dit : Voici ce que dit le Seigneur : Je l'ai choisi pour être mon prêtre, pour monter à mon autel.

(1) En donnant dans ce livre l'office de Saint Germain, l'ancien et le nouveau, nous croyons rendre service aux fideles, mais nous n'entendons pas faire œuvre liturgique.

Ant. 3. Ait Dominus : Surge, unge eum ; et unxit eum in medio fratrum ejus.

Ant. 4. Deosculatus est eum et ait : Ecce unxit te Dominus super hereditatem suam in prinpem ; et liberabis populum suum de manibus inimicorum ejus.

Ant. 5. Hæc mutatio dexteræ Excelsi. Quis Deus magnus sicut Deus noster ? Tu es Deus qui facis mirabilia.

Ant. 3. Le Seigneur lui dit : Levez-vous, sacrez-le ; et il le sacra au milieu de ses frères.

Ant. 4. Il l'embrassa et il lui dit : C'est le Seigneur qui, par cette onction, vous sacre pour prince sur son héritage ; et vous délivrerez son peuple des mains de ses ennemis.

Ant. 5. Ce changement est l'ouvrage du Très-Haut. Est-il un Dieu aussi grand que notre Dieu ? Vous êtes le Dieu qui opérez des merveilles.

CAPITULE

Ecce Sacerdos magnus qui in diebus suis placuit Deo, et inventus est justus ; et in tempore ira-

Voici un grand Pontife, qui a été agréable à Dieu pendant sa vie, qui a été trouvé juste, et

cundiæ factus est reconciliatio.	qui est devenu, au temps de la colère, le réconciliateur des hommes.

Le *Paroissien de l'ancien diocèse d'Auxerre* donne cet autre Capitule, dont voici la traduction :

« Dieu dit : Je ferai miséricorde à qui il me plaira de faire miséricorde, et j'aurai pitié de qui il me plaira d'avoir pitié. Cela ne dépend donc point ni de celui qui veut, ni de celui qui court, mais de Dieu, qui fait miséricorde. »

Après le Capitule, venait un répons comme suit :

« Le Seigneur l'a purifié de ses péchés : il a relevé sa puissance pour jamais ; et il lui a donné un trône de gloire dans Israël. La grâce de Notre-Seigneur s'est répandue sur lui avec abondance, en le remplissant de foi et d'amour. »

HYMNE DES Ires VÊPRES

SÆCLI jam satis est muneribus datum : Te, Germane, suum te repetit Deus ;	C'EST assez se livrer aux plaisirs du siècle, Germain, Dieu vous redeman-

Et mutare sacro tela pedo jubet
Cœsis ebria bestiis.

de comme lui appartenant ; il veut que vous quittiez ces armes teintes du sang des bêtes pour en faire un saint échange avec le bâton pastoral.

Injectum capiti rejicies onus
Frustra. Non alium plebs sibi flagitat
Rectorem : moriens non alium Pater
Orbo substituit gregi.

En vain, vous rejetez le fardeau dont on vous charge. Le peuple ne veut point d'autre pasteur ; et le Père, en mourant, n'en laisse point d'autre à son troupeau orphelin.

O morum subitas non sine numine,
Mirandasque vices ! Pontifice novo
Fastus, deliciæ, nomen, opes, genus
Sordent : fit Deus omnia.

Quel changement subit et admirable ! ô effet de la puissance du Très-Haut : le nouveau Pontife foule aux pieds l'élévation, les plaisirs, la réputation, les richesses et l'éclat de sa naissance. Dieu lui tient lieu de tout.

Tu, qui sidereâ lucidus in domo,

Vous qui brillez dans une demeure

Æterno propior Pontifici sedes,
Tu, Germane, potens perpetuâ prece
Christum conciliis gregi.

étoilée, assis tout près du Pontife Eternel, Germain, homme puissant, vous rendrez le Christ favorable à votre troupeau, grâce à vos prières perpétuelles.

Sit laus summa Patri, summaque Filio;
Sit par alme tibi gloria Spiritus,
Qui sacris habiles muneribus tuo
Reddis chrismate præsules.
Amen.

Louange souveraine soit au Père, souveraine également au Fils. Gloire égale à vous, Esprit élevé, qui, par votre onction, rendez les prélats dignes de leurs saintes fonctions.
Ainsi soit-il.

℣. Quam magna misericordia Domini. ℟. Et propitiatio illius convertentibus ad se.

℣. Combien est grande la miséricorde du Seigneur. ℟. Et la bonté dont il use envers ceux qui se convertissent à lui.

A *Magnificat*.

Ant. Fecit quod placuit Deo, et fortiter ivit in viâ,

Ant. Il fit ce qui était agréable à Dieu et il marcha coura-

quam mandavit illi propheta magnus.

Oremus.

Da nobis, Domine, in hâc sancti Germani festivitate, cœlestis gratiæ, quam ille verbis, operibus et miraculis asseruit, præsens adesse præsidium ; ut dum tanti præsulis exempla miramur et colimus, ejus etiam fidem et actiones imitemur. Per Dominum.

geusement dans la voie que lui avait recommandée un grand prophète.

Prions.

Donnez-nous, Seigneur, dans cette fête de Saint Germain, le secours de votre grâce céleste, qu'il a défendue par ses prédications, ses travaux et ses miracles, et faites que, remplis d'admiration et de respect pour les exemples que nous a donnés un si grand Evêque, nous imitions aussi sa foi et ses actions. Par N.-S.

A LA MESSE. — INTROÏT.

Locutus es, Domine, in visione sanctis tuis, et dixisti : Posui adjutorium in potente; et exaltavi electum de

Vous vous êtes communiqué à vos Saints dans des visions, Seigneur, et vous avez dit : J'ai établi un homme

plebe meâ. *Ps*. Misericordias Domini in æternum cantabo. ✝ Gloria Patri. Locutus es.

puissant pour être l'instrument de ma protection, et j'ai élevé en gloire celui que j'ai choisi d'entre mon peuple. *Ps*. Je chanterai éternellement les miséricordes du Seigneur. ✝. Gloire au Père. Vous vous êtes, etc.

ORAISON

La même qu'aux Ires Vêpres, *Da nobis*, etc.

ÉPÎTRE

Lectio Libri Ecclesiastici.

Quis potest similiter sic gloriari tibi? Qui sustulisti mortuum ab inferis de sorte mortis in verbo Domini Dei. Qui dejecisti reges ad perniciem, et confregisti facilè potentiam ipsorum, et gloriosos de lecto suo. Qui audis in Sina judicium, et in Horeb judicia defensionis. Qui ungis reges ad pœnitentiam et

Lecture du Livre de l'Ecclésiastique.

Qui peut se glorifier d'être semblable à vous? à vous qui par la parole du Seigneur votre Dieu avez fait sortir un mort du tombeau et l'avez arraché à la mort. Vous qui avez fait tomber les rois dans le dernier malheur, qui avez brisé sans peine toute leur puissance, et qui du haut de leur gloire les avez réduits au

prophetas facis successores post te. Qui receptus es in turbine ignis, in curru equorum igneorum. Qui scriptus es in judiciis temporum lenire iracundiam Domini : conciliarre cor patris ad filium, et restituere tribus Jacob. Beati sunt, qui te viderunt, et in amicitiâ tuâ decorati sunt. Nam nos vitâ vivimus tantum, post mortem autem non erit tale nomen nostrum.

lit de leur mort. Vous qui entendez sur le mont Sina le jugement du Seigneur, et sur le mont Horeb les arrêts de la vengeance. Vous qui sacrez les rois pour venger les crimes, et qui laissez après vous des prophètes pour vos successeurs. — Vous qui avez été enlevé au ciel dans un tourbillon de feu et dans un char traîné par des chevaux ardents. Vous qui avez été destiné pour adoucir la colère du Seigneur par des jugements que vous exercez au temps prescrit sur les prévaricateurs, pour réunir les cœurs des pères à leurs enfants et pour rétablir les tribus d'Israël. Bienheureux ceux qui ont vu et qui ont été honorés de votre amitié. Car pour nous, nous vivons seulement pendant cette vie, mais nous n'aurons pas après notre mort un nom si glorieux.

GRADUEL

Natus est princeps fratrum, firmamentum gentis, rector fratrum, stabilimentum populi. ℣. Hunc Deus principem misit; hic eduxit populum, faciens prodigia et signa.

Il est né pour être le prince de ses frères et l'appui de sa nation ; pour être, dis-je, le gouverneur de ses frères et le ferme appui de son peuple. ℣. Il fut celui que Dieu envoya pour chef : ce fut lui qui délivra son peuple en faisant des prodiges et des miracles.

Alleluia, alleluia. ℣. Convenit Ecclesia magna cogitare quid facerent fratribus suis, qui in tribulatione erant, et abiit et commisit prælia multa, et contritæ sunt gentes a facie ejus. Alleluia, Alleluia.

Alleluia, alleluia. ℣. Il se tint une grande assemblée, afin de délibérer ce qu'on ferait pour secourir les frères qui étaient dans la dernière affliction. Il partit et livra plusieurs combats aux nations, qui furent défaites et s'enfuirent devant lui. Alleluia, alleluia.

PROSE AD LIBITUM

Dextram laudet sus citantem
Et Germani miserantem
Senonum Ecclesia.

Que le diocèse de Sens exalte la main qui a suscité Germain et l'a pris en miséricorde.

Ex audaci venatore,
Sui Antistis spretore,
Sanctum fecit gratia.

Jam ex toto immutatus,
A peccatis expurgatus,
Christi vas efficitur.

A Pastore designatus
Super gentes exaltatus,
Vir alter ostenditur.

Durum præbet cinis lectum,
Unda potum dat electum,
Grave panem hordeum.
Fletu potus temperatur :
Cinis escæ consociatur :
Vestis est cilicium.
Pugnæ ostendunt virum fortem
Signa Moysis consortem,
In salutem maximum.
Tunc ad vota seniorum
Terras adit Britannorum
Vir sapientissimus.

La grâce a fait un saint de ce chasseur intrépide peu respectueux de son évêque.

Le voilà bientôt changé de tout en tout ; ayant expié ses péchés, il devient le vase du Christ.

Désigné par son pasteur, élevé au-dessus des peuples, il se montre un autre homme.

La cendre lui fournit une couche dure, il choisit l'eau pour boisson et l'orge comme nourriture moins agréable.

Ses larmes se mêlent à son breuvage, son pain se couvre de cendre, et un cilice lui sert de vêtement.

Les luttes montrent son courage, ses miracles l'égalent à Moïse, pour le salut du plus grand nombre.

Alors, d'après les vœux des anciens, cet homme rempli de sagesse va en Angleterre.

Quot superbas confutavit
Illic mentes, et frustravit
Dæmonum versutias !
Cæca mulier tunc sanatur,
Lues hæretica expulsatur,
Gens stupet miracula.
Quis hunc ante sic prostravit
Feros hostes, et sudavit
Ut daretur requies ?
Alleluia conclamatur,
Picto saxo profligatur,
Dissipantur acies
Alleluia sonant montes,
Alleluia reddunt fontes,
Alleluia et omnia
Sic, o Deus, in Germano
Prece, signis, verbo sano
Præliaris prælia.

Autrico indè sublevatâ

Là, que d'esprits superbes il confondit, et comme il trompa les pièges du démon !

Il guérit une femme aveugle, chasse au loin la peste de l'hérésie et étonne ce peuple par ses miracles.

Qui donc, avant lui, a terrassé ainsi des ennemis cruels et s'est donné tant de mal pour obtenir le repos ?

Au cri d'Alleluia, le Picte (1) est écrasé sous une grêle de pierres et ses armées sont taillées en pièces.

Les montagnes répètent : Alleluia ! Les fontaines redisent : Alleluia ! Partout retentit : Alleluia !

Ainsi, Seigneur, avec Germain, par ses prières, ses prodiges et sa parole sage, vous combattez vos combats.

Ensuite il apaise la colère du lieutenant-

(1) Picte, habitant d'Ecosse.

Irâ ducis et placatâ
Transvolat ad regiam.

Pennis vectus caritatis
Montes scandit, et damnatis
Promeretur veniam.
O qui totus caritate
Et spirabas sanctitate,
Purâ fac ut veritate
Corda nostra gaudeant.

Qui Germanum immutasti,
Immutatum gubernasti,
Gubernatum coronasti
His nos trahe gradibus.
Amen.

général, qui était hors de lui, et du mont Autric vole au Palais royal.

Emporté sur les ailes de la charité, il traverse les montagnes et obtient le pardon des condamnés.

O vous qui respirez dans tout votre être la charité et la sainteté, faites que nos cœurs se réjouissent dans la charité pure.

Et vous qui avez changé Germain, qui l'ayant changé l'avez dirigé, qui l'ayant dirigé l'avez couronné, traînez-nous à sa suite.

Ainsi soit-il.

A L'ÉVANGILE

✝ Sequentia sancti Evangelii secundum Joannem. — *Cap. 16.*

In illo tempore : Dixit Jesus discipulis suis : Amen, amen, dico vobis : Qui credit in me,

✝ Suite du saint Evangile selon saint Jean. - *Ch. 16.*

En ce temps-là, Jésus dit à ses disciples : En vérité, en vérité, je vous le dis : Celui qui croit

opera, quæ ego facio, et ipse faciet, et majora horum faciet ; quia ego ad Patrem vado. Et quodcumque petieritis Patrem in nomine meo, hoc faciam : ut glorificetur Pater in filio. Si quid petierit is me in nomine meo, hoc faciam.

en moi fera lui-même les œuvres que je fais et en fera encore de plus grandes, parce que je m'en vais à mon Père. Et quoi que vous demandiez à mon Père en mon nom, je le ferai, afin que le Père soit glorifié dans le Fils. Si vous me demandez quelque chose en mon nom, je le ferai.

OFFERTOIRE

Invocavit Dominum omnipotentem, in oppugnando hostes, in oblatione Agni inviolati, et intonuit de cœlo Dominus, et contrivit principes, et omnes duces.

Il invoqua le Seigneur tout-puissant en attaquant les ennemis et en lui offrant l'Agneau sans tache. Alors le Seigneur tonna du ciel, et il tailla en pièces les princes et les chefs.

PRÉFACE

La préface est celle de tous les Saints. L'office de l'*ancienne Eglise d'Auxerre* contenait une préface propre qui résumait en termes concis la belle vie et les mérites du grand Saint Germain. La voici :

Vere dignum et justum est, œquum et salutare, nos tibi Domine, in Pontificis tui Germani celebritate gratias agere ; qui dexteræ tuæ victricis immutatus potentiâ, et pœnitentiæ labores exhausit, et viam Domini pastor edocuit : qui catholicæ fidei vindex, gratiæ tuæ tumidos hostes, miraculorum gloriâ, et verbi gladio profligavit Et ideo, etc.

Il est véritablement juste et raisonnable, il est équitable et salutaire de vous rendre grâces, Seigneur, dans ce jour, consacré à la mémoire solennelle de Germain, votre pontife, qui après avoir été changé par la force de votre main victorieuse, s'est livré sans réserve aux travaux de la pénitence la plus austère ; qui, placé à la tête de votre troupeau, l'a toujours conduit dans les sentiers de la sainteté et de la justice ; qui, vengeur intrépide de la foi catholique, a terrassé les superbes ennemis de votre grâce par l'éclat de ses miracles et le glaive de sa parole. C'est pourquoi, etc.

SECRÈTE

Sacrificium tibi, Domine, laudis offerimus, sancti Germani, Confessoris tui atque Pontificis, merita celebrantes : ut

Nous vous offrons, Seigneur, ce sacrifice de louanges en célébrant les mérites de Saint Germain, votre Confes-

propitiationem tuam quam nostris operibus non meremur, pii suffragatoris intercessionibus assequamur. Per Dominum.

seur et votre Pontife, afin que nous obtenions, par l'intercession de ce pieux protecteur, la miséricorde que ne méritent pas nos œuvres. Par Notre-Seigneur, etc.

COMMUNION

Domine, propter famulum tuum nota esse voluisti universa magnalia. Nunc igitur magnificetur nomen tuum usque in sempiternum, et dicatur : Dominus exercituum, Deus Israël et domus servi ejus permanens coram eo.

Seigneur, c'est pour l'amour de votre serviteur que vous avez voulu faire éclater tant de merveilles. Maintenant donc que votre nom soit glorifié éternellement. Qu'on dise partout : C'est le Seigneur des armées et le Dieu d'Israël : la maison de son serviteur subsiste toujours devant lui.

POSTCOMMUNION

Repleti, Domine, muneribus sacris quæsumus : ut, in-

Seigneur, remplis de vos présents sacrés, nous vous de-

tercedente beato Germano, Confessore tuo atque Pontifice, in gratiarum semper actione maneamus. Per Dominum.

mandons, par le bienheureux Germain, votre Confesseur et votre Pontife, de demeurer dans une action de grâces perpétuelle. Par N. S., etc.

AUX IIes VÊPRES

Les psaumes du Dimanche, excepté le dernier, au lieu duquel on dit : *Memento Domine David.*

Ant. 1. Ad Regem se contulit, communem ulilitatem apud semetipsum universæ multitudinis considerans.

Ant. 1. Il alla trouver le roi, n'ayant en vue, au dedans de lui-même, que l'utilité de tout le peuple.

Ant. 2. Erat Deus cum eo; et dedit illi gratiam et sapientiam in conspectu regis.

Ant. 2. Dieu, qui était avec lui, le remplit de sagesse et lui fit trouver grâce auprès du roi.

Ant. 3. Postquam vidit Regina sapientiam ejus, non erat præ stupore ultra in eâ spiritus; dixit-

Ant. 3. Après que la reine eut vu la sagesse qui était en lui, elle en fut tellement étonnée qu'elle

que : Vicisti famam virtutibus tuis.

paraissait tout hors d'elle-même ; et elle dit : Votre vertu va au-delà de tout ce que publie la renommée.

Ant. 4. Cum majores natu Ecclesiæ simul essent, dixit eis : Ecce ego scio, quia amplius non videbitis faciem meam.

Ant. 4. Les évêques et les prêtres étant assemblés, il leur dit : Je sais que vous ne me reverrez plus.

Ant. 5. Præcepit eis, dicens : Ego congregor ad populum meum : sepelite me cum fratribus meis.

Ant. 5. Il leur fit ce commandement et leur dit : Je vais être réuni à mon peuple, ensevelissez-moi avec mes frères.

CAPITULE

Le même qu'aux Ires Vêpres.

HYMNE

Subditis Reges dare jura terris
Gaudeant ; reges tua vox in ipsos,
Præsul exercet graviora, Christo
Auspice, jura.

Que les rois s'applaudissent de se faire obéir de leurs sujets ; pour vous, saint Pontife, Jésus Christ donne à votre parole un plus grand empire sur les rois eux-mêmes.

Italos, quo te sacer urget ardor,
Ut subis fines, tumidæ residunt
In rebellantes populos tremendi
Principis iræ.

Hic novæ fragans pietatis aura
Prodit invitum ; stupet Imperatrix,
Et tuis subdit genibus superbam
Cernua frontem.

Surda quin parent elementa verbo.
Ut jubes, ponto silet unda : centum
Rupta miratur cecidisse ferri
Robora carcer.

Ut jubes, morbi fugiunt nocentes ;
Lux redit cœco sua, voxque muto ;
Ipsa mors haustam revomit rapaci
Gutture prœdam.

A peine touchez-vous les frontières d'Italie, où un saint zèle vous transporte, qu'un prince formidable, enflammé de colère contre des peuples rebelles, se calme et s'apaise.

Le parfum de votre piété, qui se répand à la cour, vous y fait connaître malgré vous : l'impératrice en est saisie d'étonnement, et elle abaisse profondément à vos pieds l'orgueil du diadème.

Bien plus, les éléments insensibles obéissent à votre voix : vous commandez, et la mer se calme ; les prisons voient avec étonnement leurs portes de fer et les chaînes se briser.

A vos ordres les maladies mortelles disparaissent, les aveugles recouvrent la vue et les muets la parole ; la mort elle-même, qui enlève tout, rend

Mox diem doctus properare summum,
Frigidos mœsto cineres ovili,
Quod potes, legas, superamque liber
Scandis ad aulam.

Heu ! tuam vexant mala mille gentem,
Tu salutari mala pelle curâ :
Fac et illustret rediviva cœcas
Gratia mentes.

Lœtus æternum celebret Parentem
Orbis ; æternum celebret Parentis
Filium ; par sit tibi cultus omni,
Spiritus ævo.

Amen.

℣. Quasi sol refulgens, sic ille effulsit in templo Dei. ℟. Quasi

la proie qu'elle a dévorée.

Bientôt averti que votre dernier jour est proche, vous disposez de votre corps, le bien le plus précieux que vous puissiez laisser à votre troupeau désolé : et dégagé de tout, vous entrez dans la céleste patrie.

Votre peuple, hélas ! est affligé de mille maladies, guérissez-le par votre salutaire intercession ; faites aussi que la grâce se ranimant en lui éclaire les âmes plongées dans les ténèbres.

Que l'univers célèbre avec joie le Père éternel, qu'il célèbre le Fils éternel et qu'il ne cesse de vous rendre le même culte, ô Esprit-Saint.

Ainsi soit-il.

℣. Il a brillé dans le temple comme un soleil éclatant de lu-

arcus refulgens, inter nebulas gloriæ.

mière. ℟. Comme l'arc-en-ciel qui brille dans les nuées lumineuses.

A *Magnificat.*

Ant. Memoria ejus in benedictione est. Magnificavit eum Deus in timore inimicorum, et in verbis suis monstra placavit : glorificavit illum in conspectu Regum, et ostendit illi, gloriam suam.

Ant. Sa mémoire est en bénédiction. Dieu l'a rendu grand et redoutable à ses ennemis, et à sa parole les monstres se sont apaisés. Le Seigneur l'a élevé en honneur devant les rois, et il lui a fait voir sa gloire.

L'Orai on comme aux Ires Vêpres.

Prière à Saint Germain [1]

Souvenez-vous, père très illustre ; souvenez-vous de vos enfants pendant cette vie. Que le souci toujours en éveil empêche le Pasteur d'oublier son troupeau. Nous croyons que vous assistez sans souillure au tribunal du Très-Haut; ne refusez donc pas de laver notre faiblesse des taches de nos crimes trop nombreux. Vous pouvez même obtenir pour nous du Juge plein de mansuétude, le temps de faire pénitence, vous qui avez été jugé digne de chanter le cantique nouveau en présence de l'Agneau. Vous avez mérité d'être son serviteur, daignez être notre Patron. Soyez auprès de Dieu le très fidèle interprète des prières que nous répandons auprès de votre tombeau, et puisque vous vous êtes montré pour nous un prédicateur infatigable, soyez en même

(1) Cette prière a été composée par Henry d'Auxerre, religieux de Saint-Germain, connu par ses doctes écrits. Il vivait au IXe siècle.

temps un protecteur très clément en raison de nos calamités.

Demandez la correction pour nos mœurs, la paix pour notre époque, le pardon de nos fautes, et la récompense des joies éternelles.

Vous obtiendrez facilement ce que vous demanderez, car nous vous croyons tellement uni au Roi Très-Puissant, que vous ne pouvez vouloir ce qu'Il ne veut pas, ni rien Lui demander de ce qui ne Lui serait pas agréable. C'est lui qui vit, règne et gouverne dans toute nation, en tout lieu, en tout temps, et pendant les siècles des siècles. Ainsi soit-il.

LITANIES

EN L'HONNEUR DE SAINT GERMAIN

Évêque d'Auxerre

Seigneur, ayez pitié de nous.

Jésus-Christ, ayez pitié de nous.

Seigneur, ayez pitié de nous.

Jésus-Christ, écoutez-nous.

Jésus-Christ, exaucez-nous.

Père céleste qui êtes Dieu,
Ayez pitié de nous.

Fils rédempteur du monde, qui êtes Dieu,
Ayez pitié de nous.

Esprit Saint qui êtes Dieu,
Ayez pitié de nous.

Trinité sainte qui êtes un seul Dieu,
Ayez pitié de nous.

Sainte Marie, Vierge pure et immaculée,
Priez pour nous.

Saint Germain,
Priez pour nous.

Saint Germain qui êtes né parmi nous,
Priez pour nous.

Saint Germain qui avez été désigné par une révélation divine à SAINT AMATRE, pour être son successeur,
Priez pour nous.

Saint Germain qui avez quitté le gouvernement temporel de cette province pour être l'évêque et le pasteur de nos âmes,
Priez pour nous.

Saint Germain, qui avez partagé entre les pauvres et les églises vos grands biens,
Priez pour nous.

Saint Germain, qui mettiez à peine quelqu'intervalle dans vos continuelles prières,

Priez pour nous.

Saint Germain, qui ne preniez pour nourriture qu'un pain grossier une seule fois le jour après le coucher du soleil,

Priez pour nous.

Saint Germain qui avez dompté votre chair par le cilice,

Priez pour nous.

Saint Germain qui n'aviez pour lit que la cendre,

Priez pour nous.

Saint Germain, que Dieu lui-même a instruit dans le silence de la retraite,

Priez pour nous.

Saint Germain, qui avez conquis des royaumes à Jésus Christ,

Priez pour nous.

Saint Germain, qui avez été choisi par les évêques des Gaulès pour délivrer la Grande-Bretagne du fléau du pélagianisme,

Priez pour nous.

Saint Germain, qui avez consacré à Dieu la glorieuse vierge Sainte Geneviève lorsqu'elle n'était encore qu'une enfant,

Priez pour nous.

Saint Germain, qui avez apaisé une horrible tempête excitée par les démons, en invoquant le nom adorable de la très sainte Trinité,

Priez pour nous.

Saint Germain, qui avez calmé les flots irrités, en répandant un peu d'huile dans la mer,

Priez pour nous.

Saint Germain, qui avez rempli l'Angleterre de la gloire de vos miracles,

Priez pour nous.

Saint Germain, qui avez rendu la vue à une jeune fille, en appliquant sur ses yeux des reliques saintes que vous aviez coutume de porter avec vous,

Priez pour nous.

Saint Germain, qui avez mis en fuite les

armées infidèles des Saxons, non par la force des armes, mais par le chant et les prières de l'Eglise,

Priez pour nous.

Saint Germain, qui avez miraculeusement arrêté le roi barbare des Alains et son armée entière, prêts à ravager l'Armorique,

Priez pour nous.

Saint Germain, qui avez brisé les chaînes des captifs,

Priez pour nous.

Saint Germain, qui ressuscitiez les morts,

Priez pour nous.

Saint Germain, revêtu de la sagesse et de la force d'en haut,

Priez pour nous.

Saint Germain, dont la sainteté et les travaux apostoliques ont fait l'admiration et la consolation de l'Eglise,

Priez pour nous.

Saint Germain, qui avez prédit le jour de votre mort,

Priez pour nous.

Saint Germain, qui avez voulu être réuni à votre peuple après votre mort, tant était vif l'amour que vous aviez pour lui,

Priez pour nous.

Saint Germain, dont le tombeau, célèbre par une foule de prodiges, est toujours au milieu de nous, comme ressource infaillible dans nos malheurs,

Priez pour nous.

Saint Germain, dont la tendre sollicitude pour éloigner de nous tous les maux qui pourraient nous menacer égale celle d'une mère pour ses enfants,

Priez pour nous.

Saint Germain, dont la ville d'Auxerre a éprouvé tant de fois au milieu des calamités publiques, l'assistance miraculeuse,

Priez pour nous.

Saint Germain, que Dieu nous a donné pour être de siècle en siècle notre protecteur,

Priez pour nous.

Saint Germain, notre refuge dans les tribulations,

Priez pour nous.

Saint Germain, notre père et notre pasteur,

Priez pour nous.

Saint Germain, notre gloire,

Priez pour nous.

Saint Germain, l'ami de Dieu,

Priez pour nous.

Agneau de Dieu qui effacez les péchés du monde,

Ayez pitié de nous.

Agneau de Dieu qui effacez les péchés du monde,

Pardonnez-nous.

Agneau de Dieu qui effacez les péchés du monde,

Exaucez nous.

JESUS-CHRIST,

Écoutez-nous.

JESUS-CHRIST,

Exaucez-nous.

ORAISON

O DIEU, qui nous défendez et nous protégez par la puissante assistance du bienheureux Pontife SAINT GERMAIN, exaucez-nous dans votre bonté, lorsque nous lui adressons nos vœux, afin que nous trouvions toujours dans les prières assidues d'un si grand patron le gage de vos miséricordes et l'effet de votre grâce dans un prompt secours. Par Notre Seigneur JESUS-CHRIST.

Auxerre, imp. OCT. CHAMBON

PRIX

DE LA BROCHURE

Broché . . . . **50 cent.**

Cartonné . . . . **80 cent.**

20 cent. en plus par la poste.

www.ingramcontent.com/pod-product-compliance
Ingram Content Group UK Ltd.
Pitfield, Milton Keynes, MK11 3LW, UK
UKHW021033180726
13838UKWH00004B/1764

9 782329 313795